文章の問題　1

次の文章を読んで、あとの問いに答えなさい。

私たちの話し方は地域によって違います。同じようにして、ホタルにも地域による違いが見られます。①それは話し方ではなく発光の間隔です。東日本のホタルは4秒に1回、西日本のホタルは2秒に1回の間隔で発光します。（　②　）、長野県のような東日本と西日本の③キョウカイにある県では3秒に1回の間隔で発光するホタルもいるようです。

（1）③キョウカイを漢字に直しなさい。

（2）①それの指す内容を、□をうめて完成させなさい。

ホタルの□違い

（3）（　②　）に入る接続詞として最も適当なものを、次から選びなさい。

ア　それとも　　イ　また　　ウ　なぜなら

（1）	
（2）	
（3）	

文章の問題　2

次の文章を読んで、あとの問いに答えなさい。

私たちが一生のうちに出会える人の数は①カギられています。そこで、②読書をおすすめします。本を通して、ノーベル賞作家、科学者、スポーツ選手、映画スターといった③あらゆる人物の考えを知ることができます。また、徳川家康、坂本龍馬などの故人の生き方、考え方を学ぶこともできるのです。

（1）①カギられて　を漢字に直しなさい。

（2）②読書　の組み立てとして適切なものを、次から選びなさい。

ア　似た意味どうしの熟語

イ　下の字が目的語になる熟語

ウ　上の字が下の字を打ち消す熟語

（3）③あらゆる　の品詞として適切なものを、次から選びなさい。

ア　形容詞　　イ　副詞　　ウ　連体詞

（1）	（2）	（3）

文章の問題 3

次の文章を読んで、あとの問いに答えなさい。

　試験勉強をしていると、決まって部屋の整理、①セイトンをしたくなる。②これは不思議なもので、日ごろはしないことなのに試験が近づくと必ず訪れる。床の掃除に始まり、机の上の整理、そして、③のめり込み始めるとペンケースの中まできれいにしたくなる。

（1）①セイトンを漢字に直しなさい。

（2）②これが指し示す部分を抜き出し、始めの五字を書きなさい。

（3）③のめり込むの意味として最も適切なものを、次から選びなさい。

ア　前へ倒れる。

イ　人波にのまれる。

ウ　夢中になる。

(1)	(2)	(3)

文章の問題　4

次の文章を読んで、あとの問いに答えなさい。

十二月になり、クリスマスが近づくと子どもの頃を思い出す。あの頃は、町を歩いても①ハナやかなイルミネーションはなく、音楽は「ジングルベル」だけ。

イブの当日、母が近くのスーパーからチョコレートをコーティングしたヤマザキのケーキを買って、台所の涼しいところへ置いておいてくれた。少し光った赤いその箱は一年に一度だけ見ることができる、心②躍らせる③宝石箱のようなものだった。

（1）①ハナやか を漢字に直しなさい。

（2）②躍らせる をひらがなに直しなさい。

（3）③宝石箱のような の部分は何という表現技法か、最も適切なものを、次から選びなさい。

ア　擬人法　　イ　隠喩法　　ウ　直喩法

（1）	（2）	（3）

文章の問題　5

次の文章を読んで、あとの問いに答えなさい。

平①安時代の貴族の生活は陰陽道（おんみょうどう）という考え方に基づいていました。簡単に言うと占いです。さまざまな行動は②その占いによって決められました。例えば、爪を切る日、入浴をする日、外出できる日、外出することのできる方角などです。現代の私たちの生活からするとかなり③窮屈な生活のような気がします。

（1）①安　の部首名を次から選びなさい。

ア　うかんむり　　イ　くさかんむり　　ウ　たけかんむり

（2）③窮屈　の読みをひらがなで書きなさい。

（3）②その占い　を詳しく説明した次の文の［　　］に入る語句を九字で書きなさい。

［　　　　　　］に基づいた占い

（1）	（2）	（3）

文章の問題　6

次の文章を読んで、あとの問いに答えなさい。

> 　毎日の生活にストレスや①不安は付きものです。学校の成績、友人関係、将来のことなどありとあらゆることにストレスや不安を感じることがあるものです。（Ⅰ）そんな時、自分だけの魔法の言葉を持つのはどうでしょう。（Ⅱ）例えば、「雨が降った後は、必ず虹が出る」、「あせらずあわてず、いつかはいい日が②来る」というような言葉です。（Ⅲ）少しはストレスや不安の解消につながるかもしれません。

（1）①不安 の反対の意味の言葉を漢字二字で書きなさい。

（2）②来る の活用の種類を次から選びなさい。

　ア　五段活用　　イ　下一段活用　　ウ　カ行変格活用

（3）次の文章が入る場所を本文の（Ⅰ）～（Ⅲ）から選びなさい。

> このような魔法の言葉で、気持ちが一瞬でも晴れることがあります。

(1)	(2)	(3)

文章の問題　7

次の文章を読んで、あとの問いに答えなさい。

さっきまでの①キンチョウは気のせいだったのかと感じるほど、流れるように手が動く。②僕たち兄弟の演奏は決して上手ではなかったが、会場のみんなは笑顔で僕たちの演奏を聞いていた。僕の演奏にも兄貴同様に人を笑顔にする力があるのかと錯覚してしまうほどだった。普段の頼りない姿と違って、演奏中の兄貴の背中はとても大きく、演奏は温かく僕を迎え入れて、やさしく導いてくれている。③兄貴と一緒にこのままずっと演奏していたい。そう感じれるほどに。

（1）①キンチョウ　を漢字で書きなさい。

（2）②僕　の部首名を書きなさい。

（3）③兄貴と一緒…　と感じたのはなぜか。その理由を文章中から探し、始めの五字で書きなさい。

（1）	（2）	（3）

文章の問題 8

次の文章を読んで、あとの問いに答えなさい。

　その夜は、大学の友人がわが家に泊まりに来た。私はベッド、友人はベッドわきの床に布団を①シいた。深夜まで話し込み、眠りについたのは十二時を過ぎていただろう。突然、寝ているはずの私の体が浮き始めた。ベッドから天井まで一メートル七十センチくらいあるだろうか。（　②　）天井が私に近づいてくる。ぼやけて見えていた天井の無数の穴模様が見え始めた。これ以上浮遊しては（　③　）にぶつかる。

（1）①シいた を漢字に直しなさい。

（2）（　②　）に入る言葉をとして最も適切なものを、次から選びなさい。

ア　みるみる　　イ　だいたい　　ウ　ほどほど

（3）（　③　）に入る言葉を文章中から探して漢字二字で書きなさい。

（1）	（2）	（3）

文章の問題　9

次の文章を読んで、あとの問いに答えなさい。

私は両手をバタバタさせてどうにか体を沈ませようとした。①フキソクな穴模様の天井まであと数センチというとき、体は静かに沈んでいった。ベッドにたどり着いたとき、（　②　）パズルがうまくはまったような音がした。

ベッドわきを見ると、友だちは寝息を立てている。③時計は二時を回っていた。

（1）①フキソクを漢字に直しなさい。

（2）（　②　）にはいる言葉として最も適切なものを、次から選びなさい。

ア　パッと　　イ　スラッと　　ウ　カチッと

（3）③時計は二時を回っていた。とはどのような意味か、最も適切なものを次から選びなさい。

ア　ちょうど二時になった。

イ　二時を過ぎていた。

ウ　もうすぐ二時である。

（1）	（2）	（3）

文章の問題　10

次の文章を読んで、あとの問いに答えなさい。

一月のロシアといえば、①極寒のはずである。中心部を流れる川は凍結し、その凍った川の上で散歩やスケートができる。南国九州生まれの私は、②それらのことを楽しみにロシアを訪れた。（　③　）、その年のロシアは数十年に一度の暖冬で、川は凍ることもなく、北海道よりも暖かかった。

（1）①極寒　の反対の意味の言葉を漢字二字で書きなさい。

（2）②それらのこと　とは何を指すか、書きなさい。

（3）（　③　）に入る接続詞として最も適切なものを、次から選びなさい。

ア　しかし　　イ　だから　　ウ　よって

（1）	（2）
（3）	

文章の問題　11

次の文章を読んで、あとの問いに答えなさい。

　飛行機に乗り、座席に座る。さあ、①リリクするというとき、「よくもこの鉄でできたでかい物体が空を飛べるものだなあ。」と毎回のように思う。飛行機はどれくらいの重量があるのかというと、飛行機自体の重さに、乗客、荷物、燃料を含めると数百トンにもなる②そうだ。知れば知るほど空飛ぶ不思議な乗り物である。

（1）①リリクを漢字に直しなさい。

（2）②そうだと同じ働き・意味のものを、次から選びなさい。

ア　どうやら、雪が降りそうだ。

イ　この川の流れは速そうだ。

ウ　明日の試合には父も応援に来るそうだ。

（3）「飛行機」を別の言い方で何と表現しているか。

(1)	(2)	(3)

文章の問題　12

次の文章を読んで、あとの問いに答えなさい。

　ここ数年、月に一度、山に登っている。山といっても、五百メートルくらいの低山だ。山頂にたどり着くと、見渡せる景色を①堪能（たんのう）し、下山する。それだけでも登り切って下界では見ることのできない景色を見た満足感はあった。

　山登りの回数を重ねてくると景色を見ること以外の楽しみがほしくなる。そこで、今回は山頂でお湯を沸かし、コーヒーを飲むことにした。山頂で飲むコーヒーは格別であると聞いたことがあったが、まさにその通りだった。

（1）①堪能（たんのう）の意味として最も適切なものを、次から選びなさい。

ア　すみずみまで観察すること。

イ　その周辺を歩き回ること。

ウ　じゅうぶん満足すること。

（2）この文章の内容と合っているものを、次から選びなさい。

ア　登山に慣れてくるともっと高い山に登りたくなる。

イ　今回の登山では、山頂で景色とコーヒーを堪能した。

ウ　山頂でコーヒーを飲んでみたが、普段に飲むコーヒーと変わりはなかった。

（1）	（2）

文章の問題　13

次の文章を読んで、あとの問いに答えなさい。

　今年の正月は年賀状も出さず、おせち料理も食べず、①初詣も行かずに過ぎてしまった。気付けば、ここ数年そんな感じで、正月とはいえ②日常と変わらずに過ごすことが多くなった。日本全体の風習が変わってきているのか、私のライフスタイルの変化によるものなのか、以前の正月の過ごし方とはずいぶんと様変わりしてきた。

（1）①初詣　の読み方をひらがなで書きなさい。

（2）②日常　に一語を加えて「日常的ではないこと」の意味の言葉を作りなさい。

□日常

（3）筆者の正月の過ごし方が変わってきた理由として考えられることを、次からすべて選びなさい。

ア　日本全体の風習が変わってきている。

イ　筆者のライフスタイルが変わってきている。

ウ　筆者が正月という行事を忘れてしまうことが多くなった。

(1)	(2)	(3)

文章の問題　14

次の文章を読んで、あとの問いに答えなさい。


　中学の時は、各教科の先生から範囲をきっちり教えてもらい、授業中に配られたプリントを復習しておけば、何をすればよいか①マヨうことなくテスト勉強ができた。

　高校に入り、テスト勉強の方法がよくわからないまま初めての定期テストを迎えてしまった。（　②　）、四五〇人中四一五番。勉強の方法が悪いのか、あまりにも授業を理解していなかったのか。落ち込む私に、母は「四一四人も抜く人がいる。楽しみね。」

　確かに、それからの私はなかなかこれ以上に成績が下がることはなく、ちょっと勉強すれば成績が上がり、先生からも毎回ほめられた。何かにつけ、出だしが悪いことは、悪いことでもないと思うようになった。

（1）①マヨう　を漢字で書きなさい。

（2）（　②　）に入る最も適切な言葉を、次から選びなさい。
　ア　結果　　イ　結論　　ウ　結末

（3）この文章の内容として合っていないものを、次から選びなさい。
　ア　中学の時はテスト勉強の方法がわかっていた。
　イ　高校に入ったころはテスト勉強の方法がわからなかった。
　ウ　高校では母からの励ましの甲斐もなく成績は上がらなかった。

(1)	(2)	(3)

文章の問題　15

次の文章を読んで、あとの問いに答えなさい。

雨あがりに虹を見つけると幸せな気分になります。おそらく、配色が美しいこととめったに見ることができないために余計に①そのような気分になるのでしょう。

（　②　）、その配色は「赤・橙・黄・緑・青・藍・紫」の七色であると日本人は認識しています。しかし、外国では必ずしも同じではないのです。例えば、アメリカでは六色、ドイツでは五色です。「白・黒・赤・黄」の四色や、「赤・黒」の二色とする民族もいます。

今度虹を見かけたら何色に見えるのか、一度じっくり観察してみましょう。

（1）　必の太く書いた部分は何画目に書くのが正しいか。

（2）　①そのような気分とあるが、どのような気分か。

（3）　（　②　）に当てはまる接続詞を、次から選びなさい。

ア　しかし　　イ　なぜならば　　ウ　つまり　　エ　ところで

（1）	（2）	（3）

文章の問題　16

次の文章を読んで、あとの問いに答えなさい。

「髪の毛って①フシギだよな。」　突然、直樹が言った。

「どこがだよ。」　直樹が突拍子(とっぴょうし)もないことをいうときは決まって僕のためであった。

僕は今回も直樹が悩みを解決してくれることを期待してその理由を尋ねた。

「だってさ、頭に生えているときは何とも思わないのに、机や床に落ちてたり服についてたりしたら汚く感じるんだぜ。フシギじゃないか。」

「そうだな。」

「—・・・。」

僕は相槌(あいづち)をうって、この後にくるはずの②格言を待っていたが、直樹は中々言い出さなかった。

「それで、何が言いたいんだ。」　僕はたまらず聞いてしまった。すると直樹は、

「えっ。別に言いたいことはないよ。ただフシギだなって思ったから言っただけだよ。」

「なんだよそれ。あははは。」　僕は期待を裏切られたのに盛大に笑ってしまった。

直樹はキョトンとしていたが、僕はこのとき、僕の悩みを解決してくれたのは直樹の格言などではなく、直樹自身なんだということに気が付いた。

（1）　①フシギ を漢字で書きなさい。

（2）　②格言 に「石の上にも三年」がある。この意味として最も適切なものを、次から選びなさい。

ア　辛抱が報われる。

イ　用心深いこと。

ウ　初心を忘れてはいけないこと。

（3）　文章の内容として最も適切なものを、次から選びなさい。

ア　僕は直樹が突拍子もないことを言うときは何も期待していない。

イ　直樹と話していることが、僕の悩みを解決してくれるとわかった。

ウ　直樹は髪の毛にまつわる格言を言ってくれた。

（1）	（2）	（3）

文章の問題　17

次の文章を読んで、あとの問いに答えなさい。

　また今日も①オコられてしまった。いつも同じオコられかただ。「なぜ、みんなと同じようにしなければいけないんですか。」って聞いたら、口答えするなって。「大人はみんなそうだ。何が普通になりなさいだよ。私の中では普通なのに。」と、いつものようにぼそぼそと愚痴（ぐち）を言いながら下校していると、

「大人になるってのは自分を抑え込むってことなんだよ。」

知らないおじさんが話しかけてきた。私は学校で知らない大人とはなるべくかかわらないようにしましょうと言われていたので、そそくさと逃げようとしたが、

「なんだ、教師の文句言っていたくせに、教師の言うことちゃんと聞くお利口さんだったんだな。」と言われ、

「何なの。何が言いたいのよ。」

　私はイラっときて反射的におじさんに言い返してしまった。

（1）　①オコる　を漢字に直しなさい。

（2）　私のことを、おじさんは他の言い方で何と表しているか、五字で書きなさい。

（3）　私の心のうちを表した言葉として、最も適切なものを次から選びなさい。

ア　不快　　イ　感激　　ウ　愉快

(1)	(2)	(3)

文章の問題 18

次の文章を読んで、あとの問いに答えなさい。

ポーランド生まれの女性科学者マリー・キュリーは、二度にわたりノーベル賞を受賞しています。マリーはウラン鉱石からポロニウムとラジウムを発見しました。
（ ① ）、そのラジウムは癌（がん）などの②ホウシャセン治療に役立つと考えました。
しかし、発見者であるマリー・キュリーはラジウムのホウシャセンに被ばくし白血病で亡くなりました。

（1） ②ホウシャセンを漢字に直しなさい。

（2） （ ① ）にはいる接続詞として最も適切なものを、次から選びなさい。

ア しかし　イ そして　ウ もし

（3） 文章の内容と合っていないものを、次から一つ選びなさい。

ア マリー・キュリーは女性科学者で二度のノーベル賞を受賞している。

イ ラジウムはウラン鉱石から発見された。

ウ マリー・キュリーは原因不明の病気で亡くなった。

（1）	（2）	（3）

文章の問題　19

次の文章を読んで、あとの問いに答えなさい。

植物は光合成をする。葉の気孔という場所から光合成によってできた酸素を①ホウシュツする。その酸素を吸うことで多くの生物は生きている。また、多くの生物が呼吸で出す二酸化炭素は植物の（　②　）に欠かすことができない。数十億年の長い地球の歴史の中で、生物同士がお互いに共存し合う仕組みが出来たのだ。

（1）①ホウシュツを漢字に直しなさい。

（2）（　②　）に入る言葉を漢字三字で文章中から探し書きなさい。

（3）文章の内容と合っているものを、次から一つ選びなさい。

ア　酸素は植物の光合成でできるが、多くの生物はそれを吸うことはない。

イ　二酸化炭素は多くの生物の呼吸によって出される。

ウ　植物の光合成は多くの生物が生きることには関係しない。

(1)	(2)	(3)

文章の問題 20

次の文章を読んで、あとの問いに答えなさい。

世の中の①シンポがすごい。携帯電話もなかったころからすると想像もしなかったことができる。先日から友人がポルトガルを旅行している。日本との時差は9時間。日本からの距離はおよそ一万キロメートル。ひと昔前であれば旅先からの絵ハガキが数週間後に届いていたが、今は時差の関係もなく写真やメッセージが送られてくる。友人から届く行く先々の②イセキの写真をもとにインターネットで歴史を調べてみる。世界中の写真や歴史を見ていると、日本にいながら③少しばかり旅をした気分になれる。

（1）①シンポを漢字で書きなさい。

（2）②イセキを漢字で書きなさい。

（3）③少しばかり…とあるが、その理由を簡潔に書きなさい。

（1）	（2）

（3）

古文の問題　1

次の文章を読んで、あとの問いに答えなさい。

今は昔、竹取の翁と①いふ者②あり（　　）。野山にまじりて竹を取りつつ、③よろづのことに④使ひけり。

（「竹取物語」より）

（1）①いふ、④使ひけり　を現代仮名遣いに改めて、すべてひらがなで書きなさい。

（2）②あり（　　）の部分が、「いたそうだ」という意味になるように、適切な語句を次から選びなさい。

ア　ぬ　　イ　けり　　ウ　なり　　エ　む

（3）③よろづ　の意味として最も適切なものを、次から選びなさい。

ア　大切なこと　　イ　高価なこと

ウ　あらゆること　　エ　大きなこと

（1）①	④	（2）	（3）

古文の問題　2

次の文章を読んで、あとの問いに答えなさい。

用ありて行きたりとも、①そのこと果てなば、②とく帰るべし。久しく③ゐたる、いとむつかし。

（「徒然草」より）

（1）①そのこと　が指している言葉を漢字一字で書きなさい。

（2）②とく　の意味として最も適切なものを、次から選びなさい。

ア　急いで　　イ　ゆっくり　　ウ　くつろいで

（3）③ゐたる　を現代仮名遣いに改めて書きなさい。

（4）右は「徒然草」の文章である。作者名を次から選びなさい。

ア　清少納言　　イ　紫式部　　ウ　兼好法師

（1）	（2）	（3）	（4）

古文の問題　3

次の文章を読んで、あとの問いに答えなさい。

> その辺の村々は、近衛殿の御領地にてありけるが、左近尉といふ家老、百姓をひたものせぶり取りけるに、百姓どもこれを①なげきて、いかがせんと②ひしめきあへり。
>
> （「一休ばなし」より）

※百姓をひたものせぶり取りける＝農民から強引に年貢を取り立てた

（1）①なげきて　の主語として適切なものを、次から選びなさい。

ア　近衛殿　　イ　左近衛　　ウ　百姓ども

（2）②ひしめきあへり　を現代仮名遣いに改めて書きなさい。

（3）この文の内容として適切なものを、次から選びなさい。

ア　左近尉が農民から集めた年貢を投げたので、農民たちは怒った。

イ　左近尉の年貢の取り立てはきびしかったが、農民たちは快く年貢を納めた。

ウ　左近尉の強引な年貢の取り立てで、農民たちはどうしたらよいかと騒いでいた。

（1）	（2）	（3）

古文の問題　4

次の文章を読んで、あとの問いに答えなさい。

> 今は昔、木こりの、山守(やまもり)に斧(よき)をとられて、「わびし、心うし」と①思ひて、②つら杖(づゑ)うちつきてをりける。
>
> （「小本説話集」より）

※山守＝山の番人　　斧(よき)＝おの　　「わびし、心うし」＝「困った、情けない」

（1）①思ひて　現代仮名遣いに改めて、すべて平仮名で書きなさい。

（2）②つら杖うちつきてをりける　とは「ほおづえをついていた」という意味である。ほおづえをついていたのはだれか。

（3）「ほおづえをついていた」理由として最も適切なものを、次から選びなさい。

ア　山の番人が斧をなくしたから。

イ　山の番人が木こりに斧をとられたから。

ウ　木こりが山の番人に斧をとられたから。

（1）	（2）	（3）

古文の問題　5

次の文章を読んで、あとの問いに答えなさい。

ある商人の家に、初春の朝ごと、昆布(こんぶ)、かちぐりなど菓子を入れて①据(す)ゑ置く鉢(はち)あり。宵(よひ)より妻の取り出だして、家の者に、きれいにすすぎてあけよと②言ひて渡すに、何とかしけん、その者、取り落としてうち割りぬ。

（「醒睡笑」より）

※かちぐり＝干したくりの実を臼(うす)でついて皮を取ったもの。

何とかしけん＝いったいどうしたことだろう

（1）①据ゑ を現代仮名遣いに改めて、すべて平仮名で書きなさい。

（2）②言ひて とあるが、だれがだれに言ったか、書きなさい。

（　ア　）が（　イ　）に言った。

（3）②言ひて とあるが、言った言葉を書き抜きなさい。

（1）	（2）ア	イ
（3）		

古文の問題　6

次の文章を読んで、あとの問いに答えなさい

我が好む①やうならずとて、②さうなく人の手を誹る事あるべからず。手に無尽の様あり。また人の心万差なり。

（「才葉抄」より）

※さうなく＝簡単に

（1）①やう　現代仮名遣いに改めて書きなさい。

（2）②さうなく人の手を誹る事あるべからず　の意味として適切なものを次から選びなさい。

ア　簡単に他人の文字をまねしてはいけない

イ　簡単に他人の文字を引用してはいけない

ウ　簡単に他人に手伝ってもらい文字を書いてはいけない

エ　簡単に他人の文字をけなしてはいけない

（3）②さうなく人の手を誹る事あるべからず　とあるが、それはなぜか。次の文の空らんをうめなさい。

文字も［　　　］もさまざまであるから。

（1）	（2）	（3）

古文の問題　7

次の文章を読んで、あとの問いに答えなさい。

心越禅師、律呂の学に①くはしく、徂徠翁の家に舶来の琴あるよしを②聞き、たよりもとめて、徂徠翁に③対面しぬ。

（「仮名世説」より）

※心越禅師＝江戸時代の僧　律呂＝音楽　徂徠翁＝徂徠という老人　舶来＝外国製

（1）①くはしく　現代仮名遣いに改めて書きなさい。

（2）②聞き　の主語はだれか、書きなさい。

（3）③対面しぬ　の意味として最も適切なものを、次から選びなさい。

ア　対面しようと思う

イ　対面しなかった

ウ　対面した

（1）	（2）	（3）

古文の問題　8

次の文章を読んで、あとの問いに答えなさい。

> ものくさ太郎、あてなる女房の①おまへにまゐるとて、踏みすべりて、あふのきにまろびけり。女房の宝とも②おぼしめす琴の上に倒れかかりて、③琴をば微塵に損なひぬ。
>
> （「ものくさ太郎」より）

※あてなる女房＝身分の高い女性　　おまへにまゐる＝おそばに参上しようとして
あふのきにまろびけり＝あお向けに転んだ　　微塵に損なひぬ＝こなごなに壊してしまった

（1）①おまへにまゐる を現代仮名遣いに改めて書きなさい。

（2）②おぼしめす の意味として適切なものを、次から選びなさい。

ア　お思いになる　　イ　お食べになる
ウ　お休みになる　　エ　お弾きになる

（3）③琴をば微塵に損なひぬ は、「琴をこなごなに壊してしまった」という意味である。だれがだれの琴を壊してしまったのか、空らんをうめなさい。

（　ア　）が（　イ　）の宝と思っている琴を壊してしまった。

(1)	(2)
(3) ア	イ

古文の問題 9

次の文章を読んで、あとの問いに答えなさい。

九月ばかり夜一夜（よひとよ）降り明かしつる雨の、今朝はやみて、朝日いとけざやかにさし出でたるに、前栽（せんざい）の露（つゆ）はこぼるばかり濡（ぬ）れかかりたるも、①いとをかし。透垣（すいがい）の羅文（らんもん）、軒（のき）の上などはかいたる蜘蛛（くも）の巣（す）のこぼれ残りたるに、雨のかかりたるが、白き玉を貫（つらぬ）きたる②やうなるこそ、③いみじうあはれにをかしけれ。

（「枕草子」より）

※夜一夜（よひとよ）＝ひと晩じゅう　前栽（せんざい）＝庭の草木　透垣（すいがい）の羅文（らんもん）＝すき間の空いた垣根（かきね）
白き玉を貫（つらぬ）きたる＝白い玉を糸で貫いた

（1）①いとをかし　の意味として最も適切なものを、次から選びなさい。

ア　たいへんふつり合いだ　　イ　たいへん趣（おもむき）深い　　ウ　たいへんこわい

（2）②やうなる　現代仮名遣いに改めて書きなさい。

（3）③いみじう……　の意味として最も適切なものを、次から選びなさい。

ア　まことにあわれで悲しい　　イ　まことにおもしろくて不思議だ
ウ　まことにしみじみと趣深い　　エ　まことにすぐれているがこっけいだ

（1）	（2）	（3）

詩の問題

次の①〜⑤の文章に含まれる表現方法を、あとから選びなさい。

① 空が泣いている。

② 鬼のような先生がいる。

③ 今の私はかごの中の鳥だ。

④ 見上げると満天の星。

⑤ 聞こえるよ、波の音が。

ア 対句	イ 反復	ウ 隠喩	エ 直喩
オ 体言止め	カ 擬人法	キ 倒置	ク 押韻

①	②	③
④	⑤	

漢文の問題　1

次の文を書き下し文にしなさい。（4）のみすべてひらがなで書きなさい。

（1）不（レ）和（セ）

（2）今日不（レ）雨（フラ）

（3）待（ニ ツ）天命（一 ヲ）

（4）不（レ ず）如（レ しカ）見（ニ みルニ）青（せい）山（一 ざんヲ）

漢文の問題　2

次の書き下し文を参考に、各句に返り点と送り仮名を付けなさい。

（1）　国破れて山河在り

国破山河在

（2）　頭を低れて故郷を思ふ

低頭思故郷

（3）　山は青くして花は燃えんと欲す

山青花欲燃

作文の問題 1

グラフは、ある高校で生徒を対象に「世の中の出来事を知るために最も利用するメディア」を調べた結果である。このグラフをもとにあとの条件に従って書きなさい。

条件

1. 二段落構成とし、前段ではグラフを見て気づいたこと、後段ではあなたはメディアをどのように活用しているかを書くこと。
2. 百五十字以上百八十字以内でまとめること。

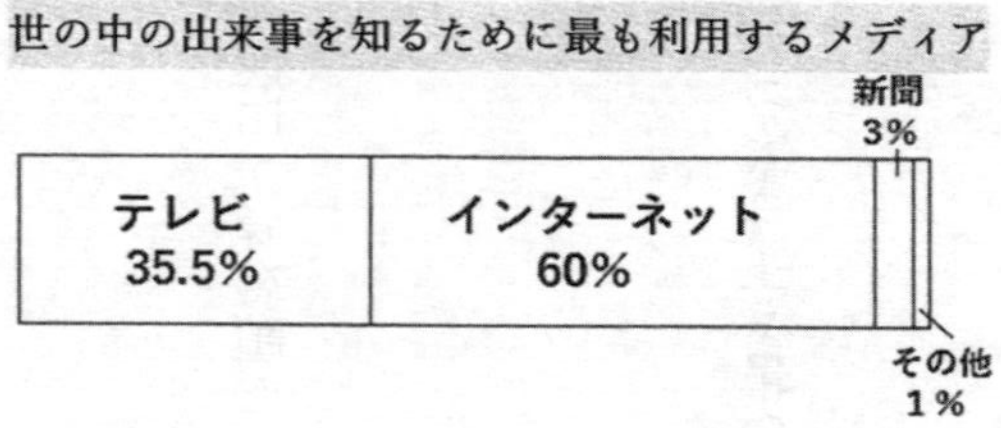

150字

作文の問題　2

グラフは、ある中学校での「図書館の蔵書冊数」と「図書館の貸出冊数」を表している。このグラフをもとにあとの条件に従って書きなさい。

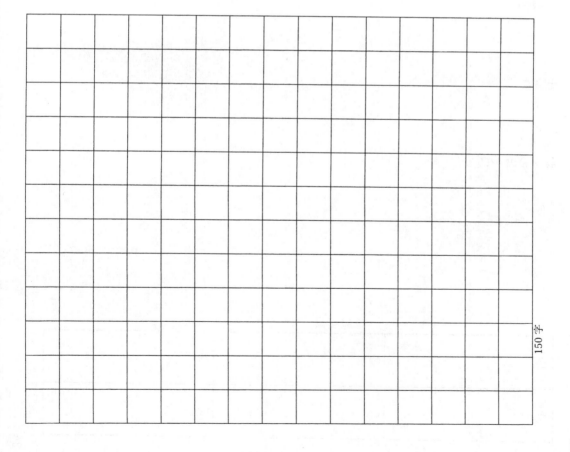

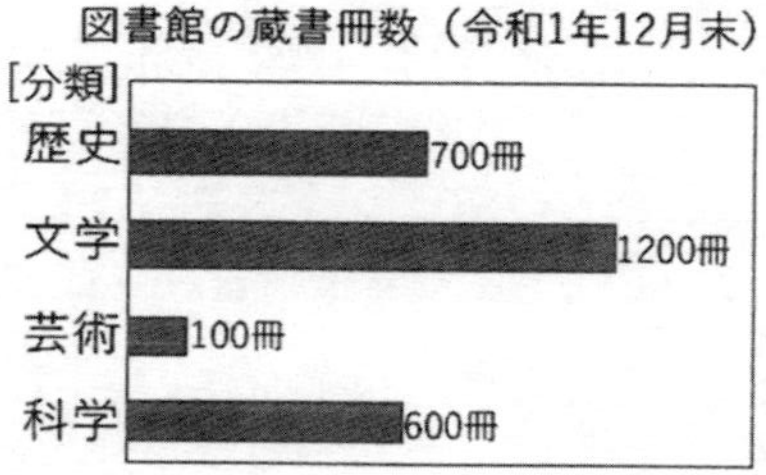

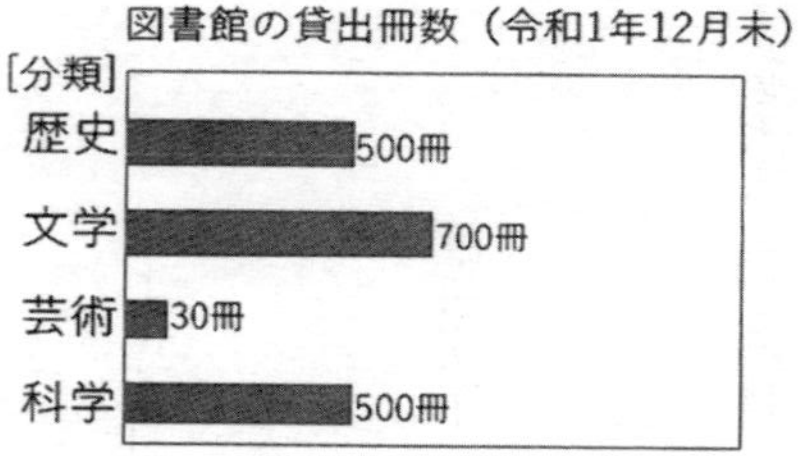

条件　1．二段落構成とし、前段ではグラフを見て気づいたこと、後段では今後の蔵書購入などについて考えられることを書きなさい。

2．百五十字以上百八十字以内でまとめること。

150字

ふろく　日本の文学　1

次の作品の作者名を書きなさい。

① 土佐日記

② 枕草子

③ 源氏物語

④ 方丈記

⑤ 徒然草

⑥ おくのほそ道

①	②	③
④	⑤	⑥

ふろく　日本の文学　2

次の作品の作者名を書きなさい。

① 坊ちゃん、吾輩は猫である

② 高瀬舟、舞姫

③ 羅生門

④ 走れメロス

⑤ 伊豆の踊子

⑥ 銀河鉄道の夜

①	②	③
④	⑤	⑥

ふろく　慣用句・ことわざ・故事成語

次の①～⑧の意味をそれぞれあとのア～クから選びなさい。

①さじを投げる

②腑(ふ)に落ちない

③たかをくくる

④猿(さる)も木から落ちる

⑤馬の耳に念仏(ねんぶつ)

⑥五十歩百歩(ごじっぽひゃっぽ)

⑦蛇足(だそく)

⑧四面楚歌(しめんそか)

ア　敵の中ですっかり孤立すること。

イ　まったく効果がないこと。

ウ　納得がいかない。

エ　たいして差がないこと。

オ　よけいなもの。

カ　たいしたことはないとみくびる。

キ　見はなす。あきらめる。

ク　その道にすぐれていても失敗する。

①	②	③	④
⑤	⑥	⑦	⑧

解答は上のQRコード、もしくは下のURLからでも見ることができます。

https://tinyurl.com/4kk3bm69

解答例

P1 （1）境界　（2）地域による　（3）イ

P2 （1）限　（2）イ　（3）ウ

※（2）読む↑書を

（3）連体詞は名詞だけを修飾する。

あらゆる→人物

P3 （1）整頓　（2）試験勉強を　（3）ウ

※（1）整頓＝散らかさないようにきちんと整えること。

（3）「仕事にのめり込む。」「アイドルにのめり込む。」などの使い方をする。

P4 （1）華（やか）　（2）おど　（3）ウ

※（1）華やか＝目立っていて、美しいようす。（2）心躍らせる＝わくわくさせる。

（3）擬人法（ぎじんほう）＝人でないものを人と同じように見立てる。「花がこっちを見ている。」

隠喩法（いんゆ）＝「ような」などのことばを使わずにたとえる。「看護師さんは白衣の天使だ。」

直喩法（ちょくゆ）＝「ようだ」などのことばを用いてたとえる。「山のように仕事がたまっている。」

P5 （1）ア　（2）きゅうくつ　（3）陰陽道という考え方

※（3）基（もと）づく＝根拠にする

P6 （1）安心　（2）ウ　（3）Ⅲ

※（2）カ行変格活用の動詞は「来る」のみ。

P7 （1）緊張　（2）にんべん　（3）普段の頼り

※（1）緊張＝心がゆるみなくはりつめていること。

（2）部首が「にんべん」の漢字は、休、体、他など。

P8 （1）敷（いた）　（2）ア　（3）天井

※（1）敷く＝広げて置く。（2）みるみる（見る見る）＝見ているうちに。どんどん変化するようす。

（3）天井（てんじょう）

P9 （1）不規則　（2）ウ　（3）イ

※（1）不規則＝規則正しくないこと。（2）パズルがうまくはまったような音なので「カチッと」を選ぶ。

（3）回る＝（時刻が）過ぎる。

P10 （1）極暑　（2）凍った川の上で散歩やスケート（をすること）。　（3）ア

※（1）極寒（ごっかん）＝寒さがいちばんひどいこと。　極暑（ごくしょ）＝暑さがいちばんひどいこと。

（2）それらのこと　とは、2つ以上ある。

キリトリ

P11 (1) 離陸　(2) ウ　(3) 鉄でできたでかい物体（空飛ぶ不思議な乗り物）

※ (1) 離陸＝陸地をはなれてとび上がること。↕着陸

(2) ②そうだとウは「伝聞（ほかの人から聞いたこと）」、

アとイは「推定・様態（様子や状態から推し量る）」

P12 (1) ウ　(2) イ

※ (1) 堪能＝じゅうぶん満足するようす。「ごちそうを堪能する。」

P13 (1) はつもうで　(2) 非（日常）　(3) ア、イ

※ (1) 初詣＝正月にはじめて、神社やお寺へお参りすること。

(2) 日常＝見なれたものごとから成り立つ、へいぼんな日々。

P14 (1) 迷（う）　(2) ア　(3) ウ

※ (1) 迷う＝どうしていいかわからなくなる。

P15 (1) 三画目　(2) 幸せな気分　(3) エ

※ (1) 必（1 2）

P17 (1) 不思議　(2) ア　(3) イ

※ (1) 不思議＝変わっていて、ふつうでは考えられないこと。

(2) 格言＝短いことばで真理をのべ、人のいましめ・教えとすることばとして、いいつたえられているもの。「石の上にも三年」石の上でも三年すわり続ければあたたまるようにしんぼうすれば、かならず成功する。

P18 (1) 怒（る）　(2) お利口さん　(3) ア

※ (3) 不快＝気持ちが悪いようす。　感激＝心に感じて興奮する（ふるいたつ）こと。

愉快＝楽しくて、大きく笑いたくなるようなようす。

P19 (1) 放射線　(2) イ　(3) ウ

※ (1) 放射線は、医療などに利用される一方、人体に悪い影響をあたえる。

P20 (1) 放出　(2) 光合成　(3) イ

※ (1) 放出＝ためておいたものを一度に出すこと。

P21 (1) 進歩　(2) 遺跡　(3) 日本にいながら世界中の写真や歴史を見ることができるから。

※ (1) 進歩＝以前より進んだ状態や、よりよい状態に移ること。

(2) 遺跡＝過去の人間が生活を営んだ跡。

P22 (1) ①いう　④つかいけり　(2) イ　(3) ウ

※ (1) 語中・語尾の「ふ」を現代仮名遣いに直すと「う」になる。（思ふ→おもう　失ふ→うしなう）

「ひ」を現代仮名遣いに直すと「い」になる。

(2) 「ありけり」＝いたそうだ

（訳）今はもう昔のことだが、竹取の翁という人がいたそうだ。野山に入って竹を取りいろいろなものを作ることに使ったそうだ。

P23　（1）用　（2）ア　（3）いたる　（4）ウ

※（3）「ゐ」を現代仮名遣いに直すと「い」になる。（4）徒然草は鎌倉時代の作品。

（訳）用があって行っても、その用がすんだら、すぐに帰るのがよい。長居するのはたいへんわずらわしい。

P24　（1）ウ　（2）ひしめきあえり　（3）ウ

※（2）「へ」を現代仮名遣いに直すと「え」になる。

（訳）そのあたりの村々は近衛殿の御領地であったが、左近尉という家老が農民から強引に年貢を取り立てたので、農民たちはこれを嘆いてどうしたらよいかと騒いでいた。

P25　（1）おもいて　（2）木こり　（3）ウ

※（1）「ひ」を現代仮名遣いに直すと「い」になる。

（訳）今となっては昔の話だが、木こりが山の番人におのを取られて、「つらい、情けない」と思って、ほおづえをついていた。

P26　（1）すえ　（2）ア　妻　イ　家の者　（3）きれいにすすぎてあけよ

※（1）「ゑ」を現代仮名遣いに直すと「え」になる。

（訳）ある商人の家に、春の初めの朝ごとに、昆布やかちぐりなどを入れて置く鉢がある。晩に妻が鉢を取り出して、使用人に「きれいに洗って空っぽにしておきなさい。」と言って手渡すと、いったいどうしたことか、使用人は鉢を落として割ってしまった。

P27　（1）よう　（2）エ　（3）人の心

※（1）「や」を現代仮名遣いに直すと「よ」になる。

（訳）自分が好きな文字でないからといって、簡単に他人の文字をけなすことがあってはならない。文字には数えきれないほどの書き方がある。また、人の心もすべての人が違うものである。

P28　（1）くわしく　（2）心越禅師　（3）ウ

※（1）「は」を現代仮名遣いに直すと「わ」になる。

（3）「ぬ」＝…た。…てしまった。

（訳）心越禅師という僧は、音楽の学問にくわしく、徂徠翁の家に外国製の琴があると聞いて、つてを頼って徂徠翁に対面した。

P29　（1）おまえにまいる　（2）ア　（3）ア　ものくさ太郎　イ（あてなる）女房

※（1）「へ」を現代仮名遣いに直すと「え」になる。「ゐ」を現代仮名遣いに直すと「い」になる。

（訳）ものくさ太郎が身分の高い女性のおそばにうかがおうとして、足がすべりころんだ。女性が宝とお思いになっている琴の上に倒れかかり琴をこなごなにしてしまった。

P30
(1) イ　(2) ようなる　(3) ウ

※(1)「いと」＝大変、非常に　「をかし」＝趣がある

(2)「や」を現代仮名遣いに直すと「よ」になる。

(訳) 九月ごろ、一晩中降り続いた雨が今朝はやみ、朝日がたいへん光り輝いて差し込んでいるときに、庭の草木の露がこぼれおちるほど濡れかかっているのもたいへん趣深い。すき間の空いた垣根の飾りや軒の上などに、くもの巣がやぶれて残っているものに雨がかかっているのが、白い玉をつらぬいているようであり、大変しみじみとして趣深い。

P31
①カ　②エ　③ウ　④オ　⑤キ

※(3) 擬人法＝人でないものを人と同じように見立てる。

直喩法＝「ようだ」などのことばを用いてたとえる。

隠喩法＝「ような」などのことばを使わずにたとえる。

体言止め＝最後を名詞で終えて言い切る。

倒置法＝語順を入れ替える。

P32
(1) 和せず　(2) 今日雨ふらず　(3) 天命を待つ　(4) せいざんをみるにしかず

P33
(1) 国破レテ山河在リ

(2) 低レテ頭ヲ思フ故郷ヲ

(3) 山ハ青クシテ花ハ欲スレ燃エント

P34
(例) 世の中の出来事を知るために利用しているメディアはテレビとインターネットが九十五パーセント以上を占めています。

私はテレビの情報番組を見て世界の出来事を知ることが多いです。その中で、特に気になったニュースや分からなかったことがあれば、インターネットで調べるようにしています。その際、正確な情報を得るために、信頼性の高いサイトを利用することを心がけています。

P35
(例) グラフより、歴史、科学分野の本は蔵書冊数に対して貸出冊数の割合が高いです。一方、芸術分野は蔵書冊数に対して貸出冊数は少ないです。

今後は歴史、科学分野の本の購入を増やすことを考えるとよいと思います。また、芸術フェアと題して芸術に関する本を生徒の目に触れるようにして、関心を持ってもらうことも大切だと思います。

P36
①紀貫之　②清少納言　③紫式部　④鴨長明　⑤兼好法師
⑥松尾芭蕉

P37
①夏目漱石　②森鷗外　③芥川龍之介　④太宰治　⑤川端康成
⑥宮沢賢治

P38
①キ　②ウ　③カ　④ク　⑤イ　⑥エ　⑦オ　⑧ア